JN410684

화려한 등장

화려한 등장

홍 순 금 저

도서출판 조은

시집을 내면서…

어릴 때부터 들판 건너 학교에 다니면서 봄이면 못자리 개구리 소리, 벼가 자라는 것과 내 초등학교 시절도 자랐다. 논에 자우영 붉은 꽃이 피었을 때 바람이 일면 꽃물결이 유년시절을 흔들었고 자연은 나의 친구였다.

아버지는 농사학교를 세우셨기 때문에 그런 환경에서 상록수를 읽으면서 최영신 같은 농촌지도자가 된다고 철없이 건방을 떨면서 나의 문학은 시작된 것 같다. 학창시절 특별활동 시간에 문예반이었다. 그러나 결혼과 동시에 문학이 밥 먹여주나 문학은 현실이 아니다. 잊어버렸는데 현실과 경쟁하면서 살다 보니 좌절과 절망 속에 어느 날 나도 모르게 일기 아닌 눈물의 글을 쓰고 있었다. 그런데 글은 현실이 아니라고 했는데 현실이었습니다.

인간사는 生과 멸 死가 예상치 못하게 왔을 때 외로웠고 외로움을 이기는 것은 글이라는 위대한 친구가 있다는 것을 알았을 때 힘과

위안이 되었다.

글은 우주의 이치를 전달하는 우표 붙인 편지이다. 글이 현실이 아니라고 냉대하던 내가 글이 위대한 현실임을 깨달았을 때는 눈도 어둡고 안경을 써도 오래 쓸 수 없는 때가 되었군요. 그러나 글은 누구나 노년이면 쓸 수 있다는 것을 알았다. 샘물이 넘쳐 나듯이 그냥 쓸 수 있다는 것, 지나온 세월이 글이기 때문에…

노년은 자신감, 남은 생을 이 아름다운 세상, 끝도 끝도 없이 누리고 싶다. 책을 낸다는 것이 언어도단(言語道斷)이지만 나의 시집에 사실을 그대로 섰기 때문에 이것도 시집인가 그럴 거예요. 그러나 진실만 보아주세요.

작가는 자기 글에 대한 책임을 져야 한다. 작품은 작가의 손을 떠난 순간부터 독자의 것이다. 이 말이 독자는 나의 선생님입니다.
사랑합니다. I Love you. 我爱你。

시인 홍순금

추천의 글

'석류는 익어야 더 속이 영근다'고 합니다. 석류와 같은 홍순금 선생님이 주옥같은 글을 모아 첫 시집을 출판하게 됨을 진심으로 축하를 드립니다.

홍시인과 저와의 만남은 6년 전 제가 서울중구 문인협회 회장직을 맡고 있던 때입니다. 그 때 서울중구문인협회 회보를 발행하였는데 그 회보에 회원을 모집한다는 광고가 게재되있는데 그 광고를 보고 서울중구문인협회의 회원이 되겠다고 찾아온 것이었습니다.

홍시인은 나이를 잊으시고 열심히 시를 썼으며, 문학인들의 모임이라면 어느 곳이든 찾아다니면서 함께 교감을 나누었고 시인이라는 자부심을 갖는 대단한 작가입니다. 또한 본인이 쓴 작품을 유명작곡가에게 작곡을 의뢰하여 노래CD [시가 사연을 안고 노래가 되어(12곡)]를 제작하여 노인어른들에게 인기 있는 가수로 통하며 많은 활동을 하고 있습니다.

80세가 넘은 나이에도 한 권의 책을 남기기 위하여 동분서주하는 홍시인은 '늙음이라는 단어는 그냥 늙음이 아니구나!' 하는 생각을 하게 되었습니다. 이번에 발행한 책제목을 '화려한 등장'이라고 하는데, 이 제목을 붙이게 된 이유는 '이제 삶을 시작하는 마음'이라고 합니다. 모세도 80세에 종교지도자로 쓰임을 받았습니다. 홍시인은 이제부터 큰 일꾼이 될 것입니다.

다른 작가들이 작법에 따라 글들을 쓰고 있는데, 홍시인은 본인이 젊은 시절에 초등학교 교사로 재직을 하였던 추억을 그리며 본인이 좋아하는 글쓰기 기법을 가지고 본인에게 맞는 글을 쓰고 있습니다. 글은 마음에서 나와야 진정한 글이라며, 다른 시인들을 의식하지 않고 직접 구석구석을 찾아가고 보고 느끼고 만져지는 것을 글로 표현하고 있는 진정한 글쟁입니다.

홍시인는 8.15해방과 6.25사변을 모두 겪으면서 그 때를 회상하고 어린 시절의 고향을 그리워하며 그 때에 느꼈던 것을 회상하는 시를 썼습니다. 또한 남편 분과 함께 군대생활을 했던 것과 동작동 국립현충원을 다녀오면서 함께 살았왔던 그리움과 한 국민으로 나라 사랑하는 애국심을 글로 표현하는 장면은 홍시인의 내면의 세계를 바라보게 됩니다.

'화려한 등장' 이라는 책제목의 의미 속에는 본인 책이 베스트셀러가 될 거라는 당찬 각오를 갖고 있습니다. 본인의 뜻대로 노년에 쓴 이 책이 베스트셀러가 되기를 간절히 기대하며, 이번 발행한 첫 시집은 이제 시작에 불과하다고 합니다. 더욱 좋은 글 많이 쓰시기를 기대하며, 끝으로 더욱 건강하시고 저와 홍시인의 만남을 길이 남기고자 추천의 글을 부탁한 홍순금 선생님의 글들이 많은 분들에게 널리 읽혀지고 보급되기를 기대하면서 추천의 글을 마칩니다.

서울중구문인협회 초대회장 김화인 목사

차례

애국시편

조국 생각만 해도 가슴 설레임은 나라 사랑입니다.

안중근 의사 모친(母親)

땅에도 놓기 아까운 자식을 찾아가는 여순 감옥.
어머니는 천갈래, 만갈래 찢어지는 가슴을 움켜잡고 면접 철장 앞에 섰다.
아들을 보는 순간 "너는 내 아들만이 아니다. 이 나라의 혼이다."
"어머니 너무 억울합니다. 꺼져가는 이 나라를 구하지 못하는 것이… 항소하겠습니다."

어머니는 비 오는듯한 눈물을 흘리시고 뚝 그치시더니 "장한 내 아들아!" 하고서 침묵이 흘렀다. 어머니 마음속에는 '저 악랄한 침략자가 너를 왜 살려두었겠느냐?' 아들의 얼굴을 담기위해 뚫어지게 보시고 "중근아! 항소하지 마라. 너의 할 일은 다했다. 하늘이 너를 지켜 줄 것이니 하늘과 같이하라."

아! 그 어머니의 그 아들 고귀한 어머니는 돌아가서 하나님께 기도하고 명주 하얀 솜옷을 지었다. 안중근은 어머니와 면회한 뒤 울분이 가라앉고 마음이 뜨거워져 죽음 앞 4개월 동안에도 그 애국의 위묵 54쪽을 우리에게 당부하셨다. 그 중(中) 이익을 보거든 정의를 생각하고 위태로움을 보거든 목숨을 바쳐라.

※ 국가의 안위를 걱정하고 애태운다.

안개 걷힌 장충단공원

일제의 국권 탈취 음모에
예와 충렬의 왕비를
시해 당한 고종황제
비통해라 비통해라
비통할 틈도 없다

나라를 위해 왕비를 위해
순국한 충신열사
그의 혼백을 지키기 위해
장충단을 세워라
그 위용을 갖추어라
한 치의 소홀함도 없이 하라

1900년 장충단을 세우고
77칸의 단청건물
대한제국의 국기를 사방에 꽂고
홍살문 아래
그 위용은 어디가고
지금은 비만 남았네

악이여 비노니 죽어라
1909년 안중근 의사에게
척살된 이토히로부미
추도식을 장충단에서 했다니
남의 집 선영위에
제사를 지내는 막된 인간
이런 치욕을 당했던
우리 눈을 감고 각성해야 한다

우리의 혼백을 지키는 장충단
우리의 최초의 현충원
배호의 안개낀 장충단 공원
이제 안개 걷친 장충단으로
노래 부르리
우리의 선열이 있기에

안개걷힌 장춘당공원

작사 홍 순금
작곡 조 파조

돌 병풍산 금강산을 가다

갈 수 없는 금강산이라 여겼는데
금강산을 갔다네
38선 통일 생각만 해도 가슴이 터질 듯 같았는데
군사분계선을 넘는 순간 너무 허망했네
작은 돌 하나 세워놓고 이 선이 수많은 형제를 갈라놓고
절망의 세월을 살게 했느냐?
너무 어이가 없어 그리도 그리던 땅 아무런 느낌이 없다
아- 돌병풍으로 둘러싸인 산
태고의 긴 역사(歷史) 함축하고 결정체되어
우리의 한을 알려주고 있구나

해금강 삼일포 써커스공예단 만물상 귀면암 온정각 온천장
금강산호텔 정방폭포
눈에 덮인 초연한 산 바위에 매달린 소나무
우리 민족의 기상이었네
숨이 차게 올라가는 만물상 산행
히말라야 등반대로 잠시 돌아갔다
이제 과거로 돌아 갈 수 없는 것
임의 뜻은 잘못을 시인하는 멋쟁이기를 원했으리라
아- 금강산이여 평화통일이여 오라
우리의 잠자던 유전자까지도 모-두 일어나
환희의 극치를 외치자구요.

가상 평화 통일

나는 울었네 무슨 말이 필요한가
그냥 울었네
나는 보았네
4강 축구때 나는 거리로 뛰쳐나갔네
차량들은 멈추었고
길건너 사람에게도 손을 흔들며
열광하는 그 모습
벽이 무너졌네
남과 북이 평화통일하는 날
우리의 잠자던 세포까지도 살아나
환희의 극치를 맛 보았네
나는 들었네
우리의 국력은 천배 만배 세계속에
떨치는 소리를-

아! 평창

선진인류국가로 가는 길 1차 2차 너무 힘이 들었다
힘들었던 기억이 3차 준비하여 완벽하게 최선을 다했다
아! 금상 김연아 검은 만또복 어깨선 올리면
살짝 비치는 흰 패션 혀 굴리며 유창한 귀여운 영어솜씨
우리 씸플한 외교풍 대통령
박용성 대한체육회장
조영호 문화체육관광부장관
최문수 강원도지사
김진선 특임대사
세계 지식포럼의 꽃 더반 나승연 대변인
빼어난 미모에 유창한 영어, 불어로 상냥한 극치를 보였고
강원도 도민 평창시민 나아가 전국적으로 꼭 유치해야 한다.
열기 속에 하루하루 발표시간은 우리를 마음 조였다
드디어 2011년 7월 6일 밤 12시 5분에 잠을 이루지 못하고
지켜보고 심장은 뛰고 드디어 더반의 IOC위원장의
평창카드를 돌리는 순간 숨이 멈추는 것 같았다
펄척 뛰어서 주저 안고 말았다.
기쁨의 눈물이 왈칵 쏟아졌다
한국인의 집요함은 아시아의 높은 위상을 세계에 알렸다
한 편의 드리마였다.

독도

광활한 바위 위에 우뚝 솟은 장군섬
저푸른 파도 출렁출렁
갈매기 떼가 춤을 추며 축복하네

생각만 해도 가슴 설레임은 진장 나라 사랑입니다.
그림만 보아도 가슴 찡한 것은…

세계 마당으로 우리가 나아가는 전진기지
폭풍우에도 내사랑 조국 힘내라고 격려하고 있습니다.

우리 남의 나라 먼저 침략한 역사(歷史) 없고 민주의 나라
독도 말만해도 손이 주어집니다.
그것은 역사 속에 정의(正義)입니다
일본은 헛짓말라.

더 아름답게 가꿀 겁니다.
어느 대학 독도학과가 생겼습니다.
아이디어 뱅크인 우리 젊은이 기대됩니다.

무궁화

여름을 노래하는 무궁화
여름 내내 꽃을 피운다
아침에 피어나 저녁에 지고
다음날 다시 피고 다시 피고
면면이 이어지는 저력이다

무궁화의 학명 히비쿠스
고대 이집트 아름다운 신
단군시대부터 자라온 한국꽃
겨레의 혼으로 피어난다
영원 무궁 무궁하다고 무궁화라네.

연 민

정신은 불멸하다

- 어느 학도병
- 고향가는 길에서
- 현충원 충혼당(忠魂堂)에서 정문까지
- 한국외국어대 학군단 교수
- 산장여인과 감찰 참모
- 그리움
- 호반의 여인
- 친정집

어느 학도병

평화 협정하고자 하면서 6.25난리
준비 없는 남한 어느 학도병 7월 18일 소집
전장으로 가는 길 위에 군사교육 받았다네

11월 5일 1개월 강훈련 받고 소위 계급장
33명 부하 이끌고
서울로 서울 탈환하고
서대문을 넘어 어디쯤 넘었을까

총탄은 비 오는 듯 날아오고
'후퇴는 없다 진격뿐이다 사수하라 사수하라'
확성기 소리
전방에 선 소위
고개를 넘기 위해 소나무가지 잡는 순간
총알이 손을 관통했다
낭떠러지 떨어져 이빨 바위에 부딪쳤네

밤은 깊은데 모두 진격 피투성이
혹한 군복상의 벗어 피를 막으며
혼자 어머니 부르며 울부짖었네
긴 밤이었다고

동틀 무렵 간호병 소리
혼수상태 3일후 눈을 떴을 땐
대구 육군병원

고향가는 길에서

태어난 고향 떠나오던 날
우리 막내아들 뜻이 뚜렷한 아들 효자 아들
어버이 선산에서 하직하고 떠나오던 날
어버이께서는 나라 위해 희생된 삶
죽어서라도 지키라고 손짓했을 거예요

윤달 휴게실
이 세상 미련 정리하고
영원한 고향 현충원으로

현충원 시간 늦어
꿈에도 잊을 수 없는 집으로 왔다
제사를 올리고 당신 없는 세상 너무 힘겨웠다

영이 되신 당신
내 정신에 살아 숨 쉬고 있습니다
당신과 26년 살았다는 것만으로도 행복합니다
잘해 주지 못한 것 미안합니다
당신의 뜻을 세상에 알리고 싶어 일하고 싶습니다

다음날 옥상에 모시고 군시절 걱정했던 서울
이렇게 발전했어요
이것이 드라마 보다 이렇게 절실할 수가…
현충원
태극기에 싸여 군악대 총포속에 충원당 안치
나라 위해 사신 일생(一生)
통일 한국이 될 것입니다.

현충원 충혼당(忠魂堂)에서 정문까지

충혼당에서 내려오는 길
좌우에 정열된 비석(碑石)들

김일성의 그릇된 행동은
수많은 청춘들을 희생시키고
그의 따르는 가족의 가슴에
절망과 한(恨)의 눈물을 남겼다

재앙의 김일성

이북은 남한보다 먼저 현대문명을 받아들였다
김일성은 기독교를 보고 자기가 하나님처럼
철저한 자기숭배로 이북동포를 세뇌

자연의 순리를 어기며 천벌을 받는다
아~ 영령들이여! 명복(冥福)을 빌며 건네
평화통일 이루려다 뜬구름이 지듯이
나라위해 갔네 겨레위해 갔네.

(2015. 6. 6 현충원에서)

한국외국어대 학군단 교수

1968년 김신조 사건으로 건강이 나빠져 수도육군병원에 입원 후에 예편을 하였습니다.
이후에 한국외국어대학교 학군단 교수로 부임 군생활하면서 군 특성상 섬세한 여성장교가 필요한 것을 느끼고 있었는데, 마침 외대(外大) 여대생을 교육하면서 그의 뜻을 이루고저 필요성을 강조하시고 KBS 방송국에 나가면서도 강조를 하셨습니다.
그런데 건강이 나빠져서 돌아가셔서 그의 뜻을 이루지 못했는데, 지금은 외대(外大)에서부터 그의 뜻이 이루어져서 여군장교 입대가 보편화되었다.
개척자(開拓者)의 기질이 아쉽습니다.

산장여인과 감찰 참모

2014년 11월 13일
반야월 작사 산장의 여인
권혜영 이야기가 나왔다
TV에 지난날이 주마등처럼 떠오른다.

나는 진해 육군대학 관사에서 살았다.
저의 남편은 육대 감찰 참모!

어느날 저의 남편의 음성이 육대 관사로 퍼져 나왔다.
'앞으로 관사 가족들은 빨래는 북쪽 베란다에 못 말린다. 육군대학 정문은 못 다닌다 뒷문을 이용하시기 바란다.'
그것이 불똥이 나에게 떨어졌다.
전화가 빗발치고 몰려와 나는 어찌할 바를 몰랐다.
저녁에 퇴근한 남편보고 다른 감찰 참모가 지적하지 않은 일을 당신이 잡으려고 하느냐 했더니 '그냥 잠자고 있어! 여기 주인공은 육군대학 교육장이야 가족이 주인공인가' 하면서 밖으로 나갔다 밤에는 들어오지 않았다. 난감한 마음으로 밤을 지샜다. 알고보니 밤새껏 뒷문을 사병들과 단장했다.
아침에는 정문 가족 출입금지가 붙었다. 그뒤 박정희 국가재건위원장이 방문하여 정돈된 환경이라고 칭찬했다고 들었다.

'당신 반바지 절대로 입지마!' 해서 월남치마를 입고 다녔다.
어느날 우리 부대 부관의 처제가 가수 권혜영이었다. 진해에 노래를 하러왔다가 우리를 초대했는데, '감찰참모님 왜 이리 관사가 조용해요' 물으니까 '내가 욕 먹고 잡은 환경이라' 고 하였다.

인걸은 가도 그의 발자취는 생생한 현실로 다가온다.
그의 늠름한 모습 말없이 실천하는 카리스마 그리워 울었다.

(2014.11.13. 밤)

그리움

어차피 누구나 가야 할 숙명
나라를 잃으면 다시 찾을 수 있지만
역사(歷史)를 잃으면 그 나라는 희망이 없듯이
그대의 반듯한 정신은 내가슴에 살아 숨 쉬고 있음을 체험했습니다.
영화의 필름이 되어 돌아가고 있습니다.
생(生)과 사(死)는 별 것 아니고 정신과 육체가 떨어져 있을 뿐이야
그리움이 정화되어 그대 있으매 외롭지 않습니다.

호반의 여인

흐린 유리창을 손으로 닦고
창밖에 호반을 바라만 본다
그렇게도 사랑했고 사랑했어도
지금은 당신을 만날 수 없네
운명처럼 가버린 당신의 힘이
허전한 내가슴에 살아 있어요

호반 싸고도는 산과 산들은
호반의 그림자 나 흔드는데
당신은 나약한 내 영혼에
힘있게 힘있게 흔들고 있네
운명처럼 가버린 당신의 사랑
보고픈 내가슴에 살아 있어요

(취병산장에서 취병 저수지를 바라보며)

호반의여인
작사/홍순금
작곡/손북의
SlowRock
흐－ 린 유리창 을 손으 로 닦－ 고 창밖
호－ 반 싸고도 는 산－ 과 산들 은 호반
에 호반 을 바－ 라 만 본－－ 다 그렇게
의 그림 자 나－ 흔 드 는－－ 데 당－신
도 사랑했 고 사랑－ 했어 도 지금은
은 나－약 한 내－－ 영혼 에 힘있게
당신을－ 만날 수없 네 운명처 럼 가버린 당신의 힘이－
힘있게－ 흔들 고있 네 운명처 럼 가버린 당신의 사랑－
허전한 내가슴 에 살 아 있－어 요 －
2012년8/9

친정집

읍내에서 들판을 건너면 80여호의 마을
지금은 읍소재지
사랑채의 대문을 들어서면 마당을 지나 안채가 있었다.

집 뒤에는 대밭이 있었고 오래된 아람드리 감나무가 있었다.
홍시를 찾느라 고개가 아팠다.
그네를 매여 그네놀이로 놀았다.

집경계 울타리는 아카시아 나무로 둘러 있었다.
봄이면 아카시아 향기가 집안에 가득했고
밤이면 부엉새가 울었다.

아버지는 농촌지도자 역시 아버지의 아이디어 울타리
농사학교를 세웠다.

뒤안에 장독대 정열되어 있었고
대나무 평상은 식구들의 식탁이였다.
대밥구리는 처마 밑에 매달려 있었다.

나는 장독대 주변에 채송화와 봉선화를 심었다.
늦가을이면 어머니는 집을 담갔다.

지금은 어머니는 74세를 남기고 가셨고
나도 조카들도 서울로
올케 언니가 그 집을 지키고 있다.

(2015.9.17. 제사를 앞두고)

산편

산이 거기 있기에 든든합니다.

- 취병산 추억
- 한계령
- 산상
- 산이 거기 있어
- 남산의 가을
- 인생 사계절

취병산 추억

강원도 당산 줄기 섬강물 따라서
천기를 품에 앉고 달려온 취병산
동쪽으로 왕건님 올랐다는 건등산
서쪽으로 햇빛받아 반짝이는 물별들
평화로운 취병 저수지 아름다운 비취처럼
병풍으로 둘러쌓인 산 작달막이 진밭골
아아아 문막읍 사랑의 취병산

강원도 목재상이 뗏목을 타고서
섬강따라 한양에 목재를 넘기고
마포에서 새우젓 소금을 사가지고
석지나루 다달으면 여정을 달래던
즐거운 취병산 자락 지금은 전설처럼
내려오는 뗏목 흐르던 그리운 섬강을
아아아 취병산 기억하고 있겠지
기억하고 있겠지

취병산 사랑

홍순금 작사
박남춘 작곡

한계령

한계령 넘어 푸른바다에
한을 날려버리는
이 고개
금강산 별거 아니야
금강산은 바위가 직립했기 때문에
흙이 쌓일 수 없어 금강산이 되었지
한계령도 금강산이다

창조주가 쉬어가느라 바위를 뉘였을 뿐이야
흙이 쌓여 돌을 볼 수 없어서 그렇지
한계령의 본색은 금강산 저리가라 하네.

산상

산 봉우리 오르니 구름 덮인 봉우리
산들바람 가슴이 터진다
멀리 보이는 하계(下界)의 고층 APT 도시가
한 눈에 펼쳐있다
그 속에 개미처럼 무엇이 바쁜지
지나온 세월은 백지장이네
시간의 덫에 걸리면 있던 것도 없는 것

산 봉우리 오르니 발아래 또 봉우리
강줄기 가슴이 터진다
우주의 점도 못 되는 나
마음의 영웅호걸 나뿐이 없네
지나온 세월은 일장춘몽
시간의 덫에 걸리면 아름다움도 별 볼일이 없다네

산이 거기 있어

산이여 사계절 숨쉬며 변화하는 심오함
새들의 속사임 사랑의 노래
산에는 바위가 있어 태고의 긴 역사
함축하고 결정체되어 자연의 의미를
알려주고 있구나

명절이면 성묘하러 오르고
봄이면 나물 뜯으러 오르고
산꽃으로 럭써리하게 덮인 산
산이 거기 있어 마음 든든했고
바다에서 돌아온 어부의 배를 메어둔다

산이여 어머니의 품 우유가 있어 우리가 마신다
지친 몸을 풀기위해 잃었던 고향을 찾아
가는 나그네의 길
산에는 나무가 있어 피톤피트의 보고(寶庫)
잡목 베어내고 목재생산에 힘쓰면
강국이 되겠네.

남산의 가을

낙엽은 땅에 딩글어도 낭만을
사람은 추우면 옷을 껴입는다
나무는 옷이 없다
최소한으로 살아야 한다
뿌리 내일 위해 잎으로 가는 생명수중단

잎은 비상사태 최후의 운명을 맞는다
이왕 갈바에야 최후의 향연을 벌이자

제1막 엽록소 사라지고
제2막 단풍 안토니아 등장
제3막 은행 카로티노이드
그 외 다수 등장

남산은 온통 총천연색 크라이막스
극한 상황에도 모름지기
자연에서 배우자

인생(人生) 사계절

사계절이 뚜렷한 우리 강산
어쩌면 우리네 인생(人生) 같아
봄이면 새싹 나고 꽃피고 20대 지나
여름이 오면 녹음방초 우거진 열린 계절
3, 40대 지나면 6, 70대 수확의 계절
창고에 가득 못살고 잘 사는 것 별것 아니야
산에는 단풍 크라이막스
80대 순수의 계절
아름답게 환하게 사랑하리라.

꽃편

꽃 피는 사연은

- 부추꽃
- 제비꽃
- 진하게 달래줄 진달래꽃 1
- 진하게 달래줄 진달래꽃 2
- 연꽃
- 당당한 갈대꽃
- 야생화의 소원
- 할미꽃 연정
- 상사화 1
- 상사화 2
- 상사화 3

부추꽃

이렇게 소박한 꽃대굴
씨앗만 얻으면 되었지
외형이 그리 대순가

우리 씨앗으로 뿌리로 번식해서 끝없는 생명력으로
인간 양기 생(生)해주는 거창한 일하고 있어
청순한 난초꽃 아름다운 자태로 그대 인간 홀리지만
부추 난 오이소박이 부침게 속에 넣어
미각향으로 인간 매료시킨다.
난초 정신이라면 부추꽃난 현실과 육체라오.

제비꽃

그 옛날 이 꽃이 필 무렵이면 중국 변방의 오랑케들이
처들어와서 양식을 빼기어 제비꽃 나물로 연명했다 해서
오랑캐꽃으로 불리기도 했다.

꽃의 이미지와는 다른 우리 민족의 아픈 역사(歷史)가 있었구나
그런데 제비처럼 예쁜 이 꽃은
다른 꽃들의 길을 가지 않고 개성적이다.
왜냐구요 꽃이 열매를 맺지 않고
독자적으로 다른 줄기가 나와 번식하는 당당함이여
약초 식용 식물이며 향수와 염료로 쓰이는
인간에게 사랑받을 꽃이여
잡풀속에 한 무더기로 시들어가고 있다.
귀여운 보라색꽃 엄청 좋아해

진하게 달래줄 진달래꽃 1

눈보라 동토 영하의 혹한
험한 세상 살아남은 것 보여주기 위함인가
봄이 오면 먼저 온산을 덮는 이유를 압니다.

힘껏 때린 공은 높이 뛰듯이
얼마나 나약한 영혼 견디기 어려워
고난의 세월 보상하듯이
온산을 붉게 덮는구나.

창조주가 주신 보물시간 허망하게 낭비한 죄로
온산을 뜨겁게 덮는구나.

그 원한의 큰 꿈도 이루지 못한채
온산을 럭셔이하게 덮는구나.

진하게 달래줄 진달래꽃이여
견딜 수 없는 아픔 다 씻으시고 꽃불 펼치소서.

온산을 한도 없이 분홍노래로 메아리치소서
뜨거운 눈물이 땅을 적시어 살아난 그대

패잔병 지친 몸이지만 대단하다 진달래꽃
한없는 사랑의 연가(戀歌)로
온산을 끝없이 꽃 피소서.

진하게 달래줄 진달래꽃 2

뼈속을 파고드는 그리움에
계절마다 소리없이 피고지는
산등성이 진달래꽃
봄은 가누나 꽃은 지누나

이제 계절의 긴 시간 앞에
인고(忍苦)의 세월 잊고 한풀어 지소서
그대 이름에 위안을 받으소서
진하게 달래줄 꽃이라고 하자나.

연꽃

연못이 왜 연못인지 아시나요
슬픔 고통 어려움 물 밑에 가라앉히고
푸른 하늘 흰구름을 담는다
그 연못에 피어있는 연꽃
진흙 속에 보물
연못을 덮는 선녀꽃이여

심청 연꽃으로 인도 환상하여
아버지의 눈을 뜨게 하는 효녀 꽃이여
동의보감 만병의 효력 그만이고
혈액순환 항암효과 진해독 심신안정
연잎 연근 연밥
구멍 많아도 영양은 빈틈이 없다네

당당한 갈대꽃

가을은 깊었는데 호수가 갈대꽃들
도란도란 지나온 세월 풀어풀어
바람에 보내는 속깊은 백발의 여인
비바람 폭풍우에 연약한 영혼
서로 의시하며 위로하며
이겨내는 사랑 사랑 사랑
사랑의 여인이여

호수는 짙푸르고 겨울이 다가오고
쓸쓸하게 눈보라쳐도 자연이치
체험한 당신은 정깊은 당당한 여인
마음은 육체위에 반비례하네
생은 이제부터 우주처럼
순리대로 늦게 피는 장미
장미꽃 여인이여

갈대꽃

Waltz
작사/홍순금
작곡/손부익
가 을 — 은 깊 었 는 데
호 수 — 는 짓 푸 르 고
호 숫 가 갈 대 꽃 들 도 — 란 도 란
겨 울 이 다 가 오 고 쓸 — 쓸 하 게
지 나 온 세 월 — 플 — 어 플 어
눈 보 라 쳐 도 — 자 — 연 이 치
바 람 에 보 내 는 속 깊 은 — 백 발 의 여 인 —
체 념 한 당 신 은 정 깊 은 — 당 당 한 여 인 —
비 바 람 폭 풍 우 에 연 약 한 영 혼 —
마 음 은 육 체 위 에 반 비 례 하 네 —
서 로 의 지 하 며 위 로 하 며
생 은 이 제 부 테 우 주 처 럼
이 겨 내 는 사 랑 — 사 랑 사 랑
순 리 대 로 늦 게 — 피 는 장 미
사 랑 의 여 — 인 이 여 — —
장 미 의 여 — 인 이 여 —
*첫작업 "2012.7/18(수)"

야생화의 소원

뒷동산 백일홍 그리운 시절
어느날 갑자기 야생화로 던져졌네
비바람도 무서웠고
발자욱도 무서웠소
그러나 비바람은 찾아왔고
발자욱에 짓밟혔네
살아야 한다 살아야 한다
몸부림을 쳤네 사랑을 지키기 위해

임의 뜻 잘못을 뉘우칠 줄 아는
멋쟁이 이기를 진정으로 원했으리
이루지 못한 한(恨) 남았어도
최선으로 살아가요
야생화 거칠은 벌판에
사랑심어 찬란하게
피어야 한다 피어야 한다
눈물 없는 낙원 기쁨으로 살고 싶어요.

야생화의 소원

Disco
(여자key:Fm)
작사/홍순금
작곡/손부익
뒷 동 산 백 일 홍 – 그 리 운 시 절 –
님 의 뜻 잘 못 을 – 뉘 우 칠줄 아 는 –
어 느날 갑 자 기 – 야 생 화 로 – 던 져 졌 네 –
멋 쟁 이 이 기 를 – 진 정 으 로 – 원 했 으 리 –
비 – 바 람 도 – 무 – 서 웠 고 –
이 루 지 못 한 – 한 남 았 어 도 –
발 자 욱 도 무 서 웠 – 소 – –
최 선 으 로 살 아 가 – 요 – –
그 러 나 – 비 바 람 도 찾 아 왔 고 –
야 생 화 – 거 – 칠 은 벌 – 판 에 –
발 자 욱 에 – 짓 밟 혔 – 네 – –
사 랑 심 어 – 잔 란 하 – 게 – –
살 아 야 한 다 – 살 아 야 한 다 –
피 어 야 한 다 – 피 어 야 한 다 –
몸 부 림 을 쳤 네 사 랑 을 – 지 키 기 위 해 –
눈 물 없 는 나 의 기 쁨 으 로 – 살 고 싶 어 요 –

할미꽃 연정

저수지 언덕에 허리 굽은 할미꽃
누구를 기다리다가 세월만 갔네
추억에 무게를 못이겨
상념에 잠기어
세상이 끝나는 날까지
사랑은 끝나지 않으리

마음에 주름이 어디 있나 할미꽃
정신은 육체 위에 뛰어서 빛나
탐스런 머릿결 하얀
서릿발 내려서
그 넓은 창공을 날으며
낙원을 찾아 갔어요

그 넓은 창공을 날으며
사랑을 심었어요.

할미꽃연정

작사/홍승금
작곡/손부익
Waltz
저 수 지 언 덕 에 허 리 굽 은 할 미 꽃
마 음 에 주 름 이 어 디 있 나 할 미 꽃
누 구 를 기 다 리 다 가 — —
정 신 은 육 — 체 위 에 — —
세 월 만 갔 네 — 추 — 억 — 에
뛰 어 서 빛 나 — 탐 — 스 — 런
무 게 를 못 이 — 겨 —
머 — 리 결 하 — 얀 —
상 념 — 에 잠 — 기 — 어
서 리 — 발 내 — 려 — 서
2xBis
세 상 이 끝 나 는 날 — 까 — 지
그 넓 은 창 공 을 날 — 으 — 며
사 랑 은 끝 나 지 — 않 — 으 — 리
낙 원 을 찾 아 갔 어 요
사 랑 을 심 — 었 어 요

상사화 1

모든 꽃들은 잎과 꽃이 같이 있는데
어이해 너만은 따로따로 가고 있는가
자연이 변화를 주기 위한 작품일까
우리에게 같이 있다는 것이
얼마나 소중한가를
보여주기 위함일 거야

애절한 사연 안고 간절한 사연안고
속절없는 세월을 보내야 하는
절박한 상사화
가슴에 피가 맺히도록 슬퍼 말아라
어차피 생(生)은 홀로 가는 것
현실은 그리움에 쌓여도 사랑을 위해
영혼을 받쳤다
그 사랑 신비의 경지였네.

상사화의 만남

Disco ♩=130
작사/홍순금
작곡/손부익
우 주 의 세 월 속 에 한 자 락 —
지 구 의 벽 을 뚫 고 왕 관 의 —
너 는 잎 — 이 였 고 —
꽃 을 피 — 웠 는 데 —
나 는 나 는 꽃 이 였 — 다 —
그 러 나 잎 은 오 — 지 않 아 —
우 리 의 꿈 을 이 루 기 위 해 —
시 간 의 덧 이 꽃 은 시 들 고 —
지 구 로 가 자 — 그 — 러 — 나 —
멸 — 과 생 의 — 수 — 많 — 은 —
지 구 의 벽 은 두 터 웠 — 소 — —
흔 적 — 들 — 그 리 움 으 로 — —
꽃 은 사 랑 하 는 — 잎 을 위 하 여 —
외 로 워 — 마 라 — 우 주 고 향 에 서 —
고 난 의 길 도 즐 거 움 이 였 네 —
다 시 의 만 날 약 속 이 — 어 라 —
#.첫작업 "2012.7/13(금)"

상사화 2

우주의 세월속에 한 자락
너는 잎이였고 나는 꽃이였다
우리의 꿈을 이루기 위해 지구로 가자
그러나 지구의 벽은 두터웠소
꽃은 사랑하는 잎을 위해
고난의 길도 즐거움 이였네

지구의 벽을 뚫고 온 몸으로 왕관의 꽃을 피웠네
그러나 기다리던 잎은 오지 않아
시간의 덫이 꽃은 시들고
생(生)과 사(死)의 수많은 흔적들이
그리움으로 남다니
외로워 말라 우주의 고향에서
다시 만날 약속이어라

상사화 3

임을 만나지 못한 것은 숙명이요
운명은 상사화의 힘이다
이 아름다운 지구상의 낙원

과거는 상사화를 더욱 아프게 하지만
다시 시작해야 하고 시간은 바쁘고
너무 서둘지 마라 정상은 없다
현재가 꽃송이인 걸

인생 힘들다고 생(生)을 포기하지 않아
최선으로 살다가 꿈결처럼 사라질
인생 걸고
끝없이 살 것같이 꿈을 꾸고
내일 죽을 것처럼 오늘을 살자

생(生)은 짧을지라도 우리들의 시(詩)들은
긴 생명이어라

화려한 등장

끝은 시작으로 통한다.

- 화려한 등장
- 세월
- 후회의 눈물
- 성격
- 첫눈
- 속절없는 인생(人生)
- 혼례 오방색 이바지
- 창조주의 상속자
- 백수가 과로사(過勞死) 한다
- 시란?
- 그대없이는 못살아
- 성한종의 한

화려한 등장

시간(時間)은 가는게 자기 일이고
인생(人生)은 늙는게 자기 일이고
백세시대 노년 건강 재력 자신감 보람 있는 일이고
노화는 난파가 아니고 화려하게 재도약
어지럽게 널려있는 일 정리하며
회한과 눈물 좌절과 희망으로 섬철된
드라마 보다 더 드라마틱한 생(生)
소중한 시간 건강과 봉사 나눔으로
애국시민 될거야
사랑밖에 난 몰라

(2014.11.9)

세월

아 이제야 깨달았다
세월은 강물이다

강물은 집을 짓고 인간은 연출자다
강물은 흘러 바다에 이르면 강은 끝이다

인간의 삶도 끝이다
그러나 인간의 사연들은 역사 그대로다

인간 행위 불사로다
강물이 바다까지 얼마나 산다고
죄짓고 후회
세월의 강물위에 살아 있는 것에
만족하라

후회의 눈물

남의 죽음 들었을 때 그냥 스쳐지나 갔다
부모의 영이별 머리가 백지장
망아지처럼 통곡했다

사랑하는 임의 끈을 놓지 않으려고
그리도 잡고 있었으나 놓치고 말았을 때
심장을 도려내어 눈물마저 말라 버렸다

자식과 소통이 안 될 때
이곳이 근심이구나 전신을 누르고 있다
일생동안 쌓아놓은 재산을 잃었을 때
초라했다

불효, 임의 공든탑, 사회의 악, 외로움
후회의 눈물로 점철
흘려 버려라 뉘우쳐라
마라톤 선수 최후의 1분을 아는가?

성격

성격은 인간의 됨됨이다

문제가 던져지면
바로 받아 버리는 사람
형광등처럼 늦게 켜지는 사람
대화를 충분히 하는 사람
대화없이 혼자 결론 내리고
결과를 말하는 사람

극과 극의 됨됨이다
중용의 성격이 필요한데
수양으로 좁혀 가자

성격을 잘 다스리는 자가
밑바탕에서도 어느 날 성공한다

첫 눈

눈이 내리네 첫 눈이 내리네
나무 위에도 나무 아래도
빌딩 사이 길 위에도
그 가슴에 무게를 슬슬 빼면서
힘없이 하늘거리며 내린다

설니홍조(雪泥鴻爪) 인생이 무상한 것을
눈이 어찌 알고
눈이 내리네 첫 눈이 내리네
희미한 옛생각 떠오르네

사랑하는 그 사람과
눈사진 찍던 환한 그의 얼굴이
사무치게 보고파라

가슴이 열린다
아무데나 떨어지는 눈이
한없이 부럽습니다.

속절없는 인생(人生)

그대 집에 포도주 있거든
날 불러 주오
나도 내집 정원 꽃피거든
그대 청하오리다
속절없는 세월 왜 가는지
의논코저 하노라

그대 나 보고파 생각나거든
날 불러 주오
나도 그대 모습 그리워져
그대 청하오리다
세월의 강물 땜공사 막고자
의논코저 하노라

혼례 오방색 이바지

우리 선조님들은 자연과 자연스럽게 살았노라
자연이 몸에 베어서 오방색 음식을 만들어 내었다
마을에 혼례이바지를 요리할 때 오방색의 이바지를
석작에 정성껏 담아 사돈집에 보냈던 것이다
마을 잔치가 오면 과방의 지휘자 나의 시어머니
현대 와서 오색식품을 고루 먹어야 한다.
① 푸라보노이드외 안토크신린이 풍부한 푸드
감자, 배, 무, 양배추, 연근, 우엉
② 라이코펜과 베타닌이 풍부한 레드 푸드
토마토, 방울토마토. 고추, 딸기, 석류, 비트
③ 안토시아닌과 글리시테인이 풍부한 텍렉푸드
검은콩, 검은깨, 가지, 흑미, 블루베리, 불렉푸드
④ 글로로필이 풍부한 그린푸드
블로크리, 시금치, 완두콩, 피망, 키위, 부추
⑤ 베타카로틴이 풍부한 엘로우푸드
당근, 호박, 감귤, 오렌지, 망고, 바나나

창조주의 상속자

창조주는 우주 만물을 만들어 대를 이을 우리를 위해…
나의 아들 딸들아
나의 이치를 개발하라 다 만들어 놓았다
한 포기 풀까지도 개발하면 너의 행복에 직결된다

너의 몸은 나의 축소판
너의 몸속에는 우주의 이치가 다 들어있다
심장은 보일러 소화기는 방앗간 혈관은 택배
장과 신장은 건강원 폐는 창조주와 교감통로
머리는 컴퓨터 손과 발은 행동파

마음 편하게 살아라
내가 너를 창조하면서
영원히 살 수 있게 할 수 있었지만
뜻이 있어 한계를 지었다

내게 올 때는 빈 몸으로 오라고
그러니 서둘지 말고 차근차근 살아라
남을 괴롭히면 너의 마음 편하냐

너로 인해 피해자 일생(一生)은 불쌍하지 않니
꼭 괴롭히는 자
나 창조주는 뽑아 낼 것이다
현실에서도 괴롭히는 자

백수가 과로사(過勞死) 한다

가던 길이 끊기고 망망대해 떠도는 뿌리없는 부평초
과거는 공(空)하고 한(恨)은 절망뿐이다
나이마저 잔고 얼마 남지 않고
이 잔고의 시간을 아름답게 보내고 싶다
시간은 돈이라는데 돈을 낭비하고 있구나

허하고 초조한 마음
호수물 위에 던져서 농로로 흘러 보내
농사에 일조하자구나

눈을 감으면 과거의 일들이 필름처럼 펼쳐진다
인생길 펴놓고 점검한다
이것을 기록하는 것이 글이다

백수가 과로사할 뻔 했는데
한건 건진 것이다
고난을 승화시키는 것
글뿐이 없다네

(2010.6.13)

시란?

시인은 시라는 삶의 마당에서
진실과 허상의 전선에서
우회적으로 사랑하라고 반성하라고
어떤 암시를 주는 것이다

그러기에 시인은
진실해야 하고 부드러운 모범생이어야 한다

글로써 동질감을 느끼고
펜은 총칼보다 강하다
시인은 정신세계 정화되어야 한다

최후에는 시(詩)라는 자기시와
애국심으로 뭉쳐져야 한다.

그대 없이는 못살아

민속커피 숭늉 70년 세월속
서양커피 박힌 돌 몰아내고
판치고 말았다

시골 할머니 밭 매다가도 핸드폰으로
커피 아가씨 찾는다

그 개운한 맛 속이 뒤숭숭할 때
커피 한 잔 앞에 놓고
커피 향에 취하고
서서히 마시면
어느새 정리된다

그대 중독 나쁠까봐 꺼려했는데
뇌혈관에 좋다고 하니
과하지 않으면
그렇다면 내 애인일세

우리나라 두 가지의 불가사의는
커피와 기름이라네

山野水가 茶淵으로

성한종의 한

한의 종말은 죽음이었다.
가난의 한 배움의 한
한 많은 인생(人生)은
64년을 선과 악의 굴레에서 굴러다녔다

비리와 배반 속에서 독기는 응고되어
삶과 죽음 앞 급박한 시간 헤매며
지나온 세월 기탄없이 조여버렸다

그의 혼은 충청도 어느 마을
바다 건너 월남의 72층 건물
여의도 국회의사당
답십리 경남기업 사옥

수습할 수 없는 홍수 지어
잘못 뉘우칠 기력없이 난파되었네

그가 남긴 장학사업은
국회의원의 뺏지를 달아주었다
그러나 책상 위에 잔돈 넣은 저금통

만 이천원 짜리 로-션
오만원짜리 옷 걸친 것뿐이 없네

수없이 명함 받으며
줄타기하다 일생을 마감했구나
가도 가도 외로웠다.

월영 섬강(月影 蟾江)

취병산 이름에 취해서 오늘 섬강(蟾江)의 섬자가
달 그림자 섬(蟾)자이라고 하니 밀칠 것만 같다.

月影

학

자고나면 세월가고
저녁 무렵 냇가에 나온 학

우렁각시 노리며
물속을 드러다본다

그러나 송사리뿐
그 순간 발아래가 섬득하다

아~ 뱀의 사탄
혀를 날름거리고 있다

그와 싸우며
왜 이리 살기가 힘드는가

남들은 고상의 대명사로 여기지만
심연의 외로움 절박함이

그러나 지금이 얼마나 행복한가
다시 물속을 들여다 본다

호수와 빙어

호수에 시리도록 맑은 물속에는
빙어가 살고 있다
어름 구멍을 뚫느라 도루레 소리
그들은 세상구경 한다고 난리법석이다

이리 뛰고 저리 뛰고
한 치 앞날도 모르는 순박함
속내장까지 밝은 순박함

하루종일 호수에는
아이들 어른들 빙어를 올리느라
즐거운 시간을 보내고 있다

이제 사람들의 열기도 사라지고
어둠이 깔리면 호수는 다시 혼자가 된다

호수는 외롭지 않다
그 속에 숨 쉬고 있는 빙어가 있고
찾아주는 사람들이 있기 때문이다.

(2010.12.11. 취병 저수지에서)

두견새 두견화 되었네

임이 얼마나 보고파 피를 토하도록 울어댔는지
두견새
이승과 저승은 하늘과 땅
태어나 산다는 것이 무엇인지 알지도 못한 채
그 하늘로 꼭 가고마는 것이 인생(人生)이구나

그런데
돈이 있어야 한다
자식이 잘 되어야 한다
성공을 위해 달린다

그 과정
악의 거미줄에 감기고 말았다
또 감기여 겨우 살아나와
심장병에 허덕인다

두견새 날 수 없어 두견화 되었네

쑥

우리 인간은 좋은 것도 흔하면 별로다
동토에서 끈질긴 생명
봄이 오면 애엽이 태어난다
나물 캐는 아가씨 바쁘다
애엽국은 된장 봄 아침의 향기다

혈액순환 염증소염 작용
지천에 널려있는 쑥 공장을 만들고 싶다
쑥 가루 만들어 늘상 상복하면 좋겠네

쑥 버릴 것 없는 식물이다
애엽이 단오가 지나면 약쑥으로 쓰인다
우리에게 귀한 건데 귀한 줄 모른다

밤눈

천지가 어두운데
깊은 밤 그윽하고 그윽한데
어느 공간 시점에서 눈이 되어 내려오시나
공간을 초월한 눈 천길만길
함박눈이 되어 무슨 일로 춤추며 내려오시나

선한 세상 축복하러 오는 듯
악한 세상 덮어버리려 오시는구나
깊은 잠에서 깨어나 창문을 연다
온천지 자연의 위대함 차마 그릴 수 없도다
저 흰백의 눈 위에 실 수 없는 아름다운
발자국 남기고 싶어라

깊은 밤의 어두움의 표현
현지우현(玄之又玄)*하니
검고 또 검다를 시적으로 그윽하고 그윽하다.

※ 모든 색깔 7색, 말로 표현할 수 없다.

종이컵

밖에 나가면 종이컵부터 대한다
물 담으면 물컵
술 담으면 술컵
커피 담으면 커피컵

내 가슴엔 무엇을 담을까
사랑과 진실을 담아야지

버리는 종이컵
재활용은 없을까
있다
주변에 널려 있는 적은 쓰레기
꼭꼭 눌러서 버리려 한다

주변에 널려 있는
인간(人間) 쓰레기
재활용 컵으로….

(2015.6.5.)

월영 섬강(月影 蟾江)

강원도라 강의 원천
당산습지 내가 태어난 곳
낮은 곳 낮은 곳으로 겸허하게
너도 나도 흘러 섬강되었네
아– 달 그림자 흐르는 그리운 강물
대망(大望)의 날개 펴려 서해로 간다

뒤돌아보면 굽이굽이
자욱한 안개속 깨어지고
부서지고 도도히 흐르는 섬강
한강의 기적이룬 원류의 원주
아– 다시 도전하리라 대한의 물줄기
세계속의 으뜸으로 평화이루리

황학동 회화나무 축제에 부치는 글

그 옛날 200여년 전
우리 고을 학이 살던 양반 마을이었네
우리 선조 마을 어귀 회화나무 심어
마을 안녕 기원했다네

비바람 풍상 다 겪고
굳굳이 자라 온 회화나무여
그 고초 우리 후예들이 어루만지며
사랑할 겁니다

꽹과리 소리 들리시지요
도포자락 제단아래 절하는 모습
떡 돌리며 그대와 우리 교감 모습
우리 조국 우리 마을 우리 회화나무 앞날에
주민의 정성 기리 빛날 것입니다

까치 참새 지저귀는 소리
우리 마을 평화롭구나

(2012.10.17.)

* 회화나무 수령 200년 도시계획에 걸렸는데 마을사람들이 길옆에 그대로 있게 했다.

현장검증

3층 문앞에 내놓은 박스
1층 내려놓으면 도움되겠지
무심코 박스들고 계단 내려오는데

박스에 시야가려
1층 계단 다 내려와서
헛디디어 그냥 곤두박질

목에서 피나고 이마 탁구공
119 실려 100만원 입원비

작은, 큰 사고
허망한데 있구나
어이없어 현장 지날 때는
현장검증 리바이블 한다.

눈 쌓인 용인산 젊은이

어디 갔다 오는 길에 신년초
눈 쌓인 용인산 들렀다

1월 3일 아침시간
산에서 젊은이를 보았다
간첩인가 숨 죽이고 있는데
우리 옆으로 왔다

어떻게 이 아침에 했더니
친구 묘에 왔다고 했다
나는 이 말이 나를 때렸다
이 나쁜 것만 보던 내가
이런 젊은이도 있구나

죽은 사람은 끝나는 줄 아는 세상에서

물샐틈없는 공사

하수도 상수도 물새면 공사 하나마나
파이프 구조가 그냥 있는 것이 아니다

어떤 조건에서도 파이프를 빈듯하게 잘라
내부의 돌기까지 정확하게 넣어 이어야 물샐틈이 없이 된다
인생(人生)도 물샐틈 없는 공사를 해야 하는데 삶은 흔들린다

사랑, 돈, 짧은 시간, 명예에 흔들리고
죽음에 흔들리고 늘상 물은 소리없이 새나가고
인생 공사 하나마나 마음이 아프다

창조주는 늘 원칙을 지키라 했는데
수도공사 교육원에 가서 원칙 공부하러 가세

석류

시골사랑채 뜰에 석류나무
품위 지키는 선비나무
그 석류는 작고 몹시 시었다
석류차로 마셨다

지금은 외래종이 수입되어
달고 크고 맛있다
양귀비 과일 창조주는
보석방을 칸칸이
스티로폴 벽으로 보호
진자주 수정보석 에스트로겐의 보고인가

스치로풀의 칸막이 원조
정말 신기하다

창조주는 쉬는 일없이
자연의 모든 것을 통해
진실과 이치를 알려주고 있구나

김치

연례행사 김장을 담그기이다.
우리 선조들은 실험실도 없는데 과학의 김치를 어찌 알고 담그셨는지 식품의 종합셋트이다.
아무리 김치냉자고가 나왔어도 땅에 묻는 김치와는 비교가 안 된다.
땅에 묻은 옹기 뚜껑을 열면 대잎에 덮어져 있는 통치미 밖에는 함박눈이 내리고 찐고구마 같이 먹으면 발효된 무맛은 어떤 시인도 표현할 수 없는 맛이다.
김치는 소통의 김치라고 하고 싶다.
돼지고기에 두부 넣고 김치국 끓이면 잔치는 그만이다. 수육에 김치 싸 먹으면 막걸리 마시며 이야기 나누면 다 해결된다.
우리 선조들은 자연의 순리대로 따라 살았기 때문에 이런 김치가 탄생하지 않았나 느껴진다.

설화(雪花 - 눈꽃)

현관문을 여는 순간
이것이 왠 세상인가 순백의 세상
눈부시고 포근한 설화꽃 나무마다 피었네
누구의 조화속인가

중국의 유명한 시인 소동파는 명예도 재산도
세상 모든 것 다 버리고
사찰에 왔는데 자고나니 천지가 눈이 내려
온 세상이 설화로구나 또 자고나니
북쪽으로 날아가던 기러기떼들이 그 흰눈밭을
어지럽히고 날아가더니 다음날 해가 뜨니
그 아름답던 세상도 도루묵이더라……

우리 인생(人生)도 그 같이 허무할진데
서로 사랑하고 성실하게 살라는 교훈이겠지요.

법원 자원봉사를 보며

너무 세상을 모르고 살았다.
나쁜 세상만 보았던 나는 자원봉사 센터에 등록했다.
봉사자를 알게 되면서 그러기에 우리 사회는 잘 돌아가고 있다.
선진국으로 가는 길은 자원봉사자가 많이 퍼져 나갈 때.

- 봉사의 손 그렇게도 바빴나 보다
- 언니같은 법원 동생
- 거북 거북
- 추도사(살아 있을 때 지인이 써 놓은 추모사)

봉사의 손 그렇게도 바빴나 보다

진실이 문을 여는 날
선과 악의 바다에 등대여
얼음꽃 눈물 흘리며 하소연 하고
무슨 사연 그리 많이 안고
숨 쉴틈없어 물어 오는가

그대 울타리의 장미꽃 되어
우표 붙인 웃음처럼 날고 있다

인간(人間) 시한부라는 것 아는가 봐
모-두 영원히 사는 줄 착각하고 살지
그 시간 깊은 사랑 봉사 아니면 그 일(자원봉사) 못하지

목련을 좋아한데
동토의 계절이 지나 핀 꽃이여
꽃봉우리 주렁주렁 화사하게 활짝 피어
이 나라 이 계레 평화일조하고 싶어요.

(2012.7.19.)

언니 같은 법원 동생

법원에 들어서는 순간 사람이 둘러싸여
서류를 널어놓고 안경 너머로 정신없이 쓰고 있는
법원 동생을 본다

법원 동생은 이 어려운 일을 상담하다
그냥 가는 사람도 불러서 체크 해주고
진심이 무엇인가 보여주고 있다

상담자가 자기의 가족처럼 생각하나 봐
세상에는 이런 분도 있기에 살맛이 난다

상처받은 원고 피고가 찾아드는 병원
그 상처 최소하고 싶은 간호원이다

우왕좌왕하는 마음 숨 돌리게 한다
법원 동생 파이팅!

(2013.8.5. 쓰레기통에서 버린 서류 봉투를 주웠다가 모아 놓았다가 상담자의 서류를 잊어버린다고 넣어 주는 것을 보고)

거북 거북

망망대해 외로운 곳 그대를 만나 꿈같은 세월
창조주 순리대로 살았노라

사랑이 눈뜰 무렵 우리의 유전자를 싹트기 위해
육지로 가야 한다

홀로 역사(歷史) 드라마
길지(吉地)를 찾아 산고를 치르고 모래 다독이며
얼마나 마음 아팠는지
이 어린 것을 두고 어찌 시한부,
바다로 가야 하느냐 숙명이었다

하나님 내 어린 것을 지키어 주소서!
빌고 빌며 무거운 발걸음
심해(深海)에 가지 못하고
연안에서 서성이며 모래를 쥐어 뜯었는가
그들도 나의 발자취를 걷겠지

바다냄새 따라 고향에 가는 길 바다새의 날개짓
1000/1의 확률로 살아서 끝없는 대망(大望)으로
바다를 누비며 천수(千壽)했노라

어린 싹의 성공을 빌며 깊은 무거운 상념에 잠기어
나는 고개 내리고 기도 기도
영혼의 기도의 결정체 되었네

(2012.9.22. 새벽 강여사님의 만수무강을 빌며, 홍순금 씀)

추도사(살아 있을 때 지인이 써 놓은 추모사)

영원부터 영원까지 살아계셔서 인간의 생사화복을 주관하시는 아버지 하나님! 오늘 고 강여사님은 아버지의 본향의 품으로 가셨습니다.

아버지! 고 강여사님은 아버지가 주신 보물시간을 낭비하지 않으려고 최선을 다하셨습니다.

태어나서 부모님을 존경하면서 이 나라의 최고지성의 전당에서 아버지의 법으로 세상에서 사랑을 펴고자 꿈을 키웠으며 좋은 인연을 만나 결혼해서 끝없는 사랑의 연가로 꿈같은 시간 속에 보물의 자식 4남매를 낳아 길러 최선으로 가르치며 하나님의 꿈을 고 강여사님의 꿈으로 그 꿈을 4남매에게서 이루고자 하였습니다.

고 강여사님은 4남매가 결혼을 해서 가정을 이룬 뒤에는 누구나 할 수 없는 치열한 현장 법원자원 봉사의 길에 뛰어들었습니다. 세상 사람들은 영원히 사는 줄 착각하고 살고 있습니다. 선과 악의 현장에서 끝없이 헤매이면서 갈 길을 찾지 못하고 방황하는 사람의 조금이남 힘이 되고자 살아오신 고 강여사님의 숭고한 사랑의 정신은 우리 주변에 귀감으로 남을 것입니다.

안경을 두 개를 하나는 머리에 하나는 눈에 쓰고 급한 사람에 둘러싸여 상담하는 모습은 하나님의 사랑의 힘이 아니면 그런 일을 못합니다. 거기다가 믹서 커피로 아닌 커피잔에 악차처럼 귀한 잣까지 띄어 대접하고 급하지만 한 걸음 쉬어가라는 의미였을 것입니다.

최후의 심판대의 현장에서 현장의 보조자로 40년(60년)을 수고하신 고 강여사님 너무 보고 싶습니다.

우리가 다시 세상에서 사랑하는 고인을 보지 못하지만 그의 밝은 얼굴 고상한 자태는 성실한 안내자로 우리에게 남을 것입니다.

이제 꿈에도 잊지 못할 당신의 임 고인된 남편의 품으로 다시 만나셔서 아름다운 살아숨쉬는 드라마의 주인공으로 다시 사실 것입니다.

어찌 이 자식 4남매를 두고 가시겠습니까? 그러나 두 분의 DNA는 그대로인데 또 이어질 것이오니 아무 걱정 놓으시고 영민하소서! 우리들은 한 세상의 영원과 순간의 주역입니다.

미국에 사는 딸들이 나의 죽음의 비보를 듣고 방황하는데 조금의 도움이라도 되고자 영정사진도 모두 준비해야 한다고 하는 말을 듣는 어느 사람은 속으로 눈물을 흘렸습니다.

바다가 깊다 해도 하늘이 높다 해도 고인의 자식사랑에 비하겠습니까?

추모가

나의 살던 고향은 꽃 피는 산골
복숭아꽃 살구꽃 아기 진달래
울긋불긋 꽃대궁 차리인 동네
그 속에서 놀던 때가 그립습니다.

미리 잘 아는 사람 쓰는 것이 추도사다.
죽음 앞에 당당한 열린 생각이 현명한 이 시대인이 할 일이다.
추도사를 준비하는 사람, 얼마나 멋있는 생인가.

수필

우리 인체의 뇌의 기억장치는 전엽에서부터 기능이 사라진데요.
그러니까 앞 근간의 일이 기억이 먼저 잊어져 간데요,
먼 옛날을 잊지 않는 것을 보니
그러기에 추억을 잊지 못하는 것을 보니.

내 나이 18세쯤 가을

트럭을 타고 봉암국교 교장님과 인촌마을 앞 봉암국민학교에 취임했다. 그때까지 바다를 본 적이 없는 나는 황홀했다.

그 곳에 창경원 같은 소솔이 대문의 기와집들 마을 입구에 있었고 안동네에 또 그런 기와집들이 있었다.

6.25사변 후 부잣집은 텅비어 입구 기와집에는 해양경비대가 주둔하고 있었고, 안동네 기와집에는 어떤 소복을 입은 여인(女人)이 홀로 살고 있었고 그 여인은 남편도, 하나 밖에 없는 딸도 난리통에 잃어버리고 친정집에 홀로 있었다. 어린딸의 신발 댓돌 위에 놓여 있었다.

토방 마루는 하인들이 세숫물을 떠다주면 세수를 했는지 썩어 있었다. 텅빈 기와집 그 여인은 외로웠는지 나를 몹시 좋아했다. 그 집이 지금은 김성수 선생의 생가다. 그 집은 김성수 씨네가 팔아 정씨가 사서 또 부자가 되었는데 6.25 사변에 망하고 다시 동아일보가 사서 관광코스가 된 것이다.(김성수 생가)

바다 옆에 교실 6개가 있는 학교에 나는 2학년 담임선생이다. 책상도 걸상도 없는 교실의 마루바닥에서 공부를 시켰다. 수업 도중에도 애들은 "선생님 게 잡으러가요." 하며 발을 구리며 떼를 썼다. 나는 힘없는 선생이었다. 울고 싶었으나 그들에게 떠밀려 바다로 나갔다. 자루를 들고 뻘밭을 보면 게가 까막게 나와 있었다.

애들이 달려가면 다 구멍으로 들어가 버리면 그 고사리 같은 손을 구멍에 쑤셔 넣어 게를 다 잡아 자루가 한 자루가 된다. 그것을 나의 하숙집에 갔다 주면 물에 담갔다가 산채로 절구통에 소금을 뿌리면서 찧어서 벼락젓을 담갔다. 그 때는 보리가 흔했다. 보리밥 소화를 시키는 데는 그만이었다.

하루는 교장 선생님이 불러서 "홍선생 파마를 해야겠어요." 애들이 가시네 선생님이라고 하니 권위가 없다고 하였다. 나는 학창시절 급우들에게 철학이 무엇이냐는 등 고사성어를 외워가지고 잘난 척하다가 왕따를 당한 적이 있다. 나는 외래문물을 받지 않는다.

상록수의 최용신 농촌지도자가 될 거라고 파-마도 안하고 외래문물은 싫다는 등 그런데 교장선생님의 권위라는 벽에 부딪혀 파마를 했다. 그곳은 나의 사춘기의 아름다운 곳이었다. 그러기에 서정주 문학관이 그곳에 있다.

고창 방장산

그러니까 내 나이 18세 쯤 봄 방학 때 전주에서 집으로 내려왔는데 마을에서 나물 뜯는 여인(女人)들을 우리집 일꾼 아저씨가 구루마에 태우고 방장산에 갔는데 나도 식물채집을 한다고 따라갔다가 방장산 중턱에서 소나무 솔가지를 꺾어 생기를 입빨로 긁어 먹으면 달고 맛있는 물이 나온다.

갈증을 해소하고 있는데 산지기 할아버지가 수염이 하얀 산신령 같은 분이 주렁을 들고 소리를 지르며 내려오는 것이었다. 우리 일행은 풍지박살이 되어 도망을 쳤다. 나는 겁에 질려서 논다랑이를 뛰어 내려오다가 수렁에 박혀 엎이지고 말았다.

동네사람들은 도망을 치다가 정신을 차리고 보니 내가 없어서 찾으니 논다랑이에 쓰러져 있어 그날은 모두 하산하고 말았다. 그 뒤에 나는 옆구리가 아파서 전주학교를 못가고 있었는데, 어머니는 '이시' 라는 빨간 열매를 술에 담가 그것을 먹어야 학교에 복귀할 수 있다고 정성을 드려 만들어 주셨는데, 나는 먹는다고 하고 자리 밑에 쏟다버렸다. 그래서 옆구리는 나아지질 않았다.

부모님 말을 지지리도 듣지 않은 철없는 딸이었다. 병약한 나를 엄마는 한약 항아리를 들고 먹으라고 했는데 그때 나는 먹지 않으려고 도망을 다녔다. 지금 나는 많은 후회를 하며 그 때의 엄마의 고마움에 죄를 빌고 있다. 역시 부모님 말을 듣지 않는 사람은 신상에 해롭다.

나의 광복 이야기

나는 1934년생이다. 그러니까 1945년 8월 15일 경에는 내 나이 11살이었고 초등학교 4학년이었다.

그 때 한 달간 방학이 8월 20이이면 개학날이었다. 시집간 언니가 보고 싶어 12km(30리) 정도의 언니 집에 오빠가 데려다 주고 집으로 갔다. 오빠가 데리려 오기만을 기다렸는데 한참 후에 오빠가 왔다. 그런데 오빠는 언니네 대밭에서 대창을 만들어 작은 것은 내가 들고, 큰 것은 오빠가 들고 삼 십리 산길을 가는데 늑대가 나온다고 숨을 죽이며 걸었다. 일본 군인들이 산에 호를 파느라 폭파하니까 늑대가 민가에 와서 사람을 해쳤다는 소문 때문이었다.

집에 오니 작은 아버지가 우리를 보더니 오늘 이상한 일이 있었다고 했다. 고창 모양성 안에 반공호를 파는데 동원된 마을 사람들을 전부 보내고 일본 군인들이 눈물을 흘리고 그랬다고 했다. 무슨 일일까 알고 보니 일본 천왕이 항복을 했다는 것이다.

8월 20일 방학이 끝나 학교 정문을 들어서는 순간 '울 밑에서 봉선화야' 노래가 교정을 흔들었다. 어린 나였지만 가슴이 뭉클했다. 세상이 뒤집어진 것같다.

교실에 들어갔더니 우리 담임 선생님은 일본인 여선생님이었다. 자기는 일본(日本)에 간다고 10년 후에 다시 만나자고 그런 이야기를 일본말로 했다. 선생님과 이별이 슬퍼서 우리 반 학생들이 울었다. 그런데 뒤에 큰 학생들이 앞에 우리들이 우니까 10년 후에 다시 만나자고 하는데 왜 우느냐고 우리들을 때렸다.

초등학교 4학년까지 '일본 사람들은 무엇이고 우리는 무엇이냐?'는 의문 속에 살았다. 그런데 해방되어 우리 글 역사를 배우면서 우리가 일본 침략을 당한 것을 알았다.

지금 생각해 보니 초등학교 3학년 때 3, 4학년은 간이 지게를 지고 5, 6학년들이 고창 방장산에 가서 마초를 베어 놓으면 그것을 한 덩어리씩 지게에 얹어주면 줄줄이 걸어서 학교 교정 구석에 쌓아 놓았다. 다음에 군인들이 와서 가져가곤 했다.(군인 말로 '마초'라고 했다)

너무 어이없는 일은 지금 생각해 보면 일본은 우리를 영구히 속국으로 여겼던 것이다. 우리 어린 아이에게 뽕열매 오디씨를 받아오라고 했다. 오디를 따가지고 바구니에 담아 냇가에 가서 오디를 주물러 씨를 빼 가지고 학교에 가지고 갔다. 일본 담임선생은 오디를 심어 누에를 길러 낙하산을 만든다는 것이다.

그들은 한 치 앞날도 모르고 동양의 평화를 짓밟고 있었다. 그러나 미국의 원저폭탄은 그들의 야욕을 한 방에 날려 버렸다.

아! 나는 '나라'하면 눈물이 난다. '조국'하면 힘이 솟는다. 시련 속에 살아온 우리 시련을 성공으로 만들어야 한다. 우리 어린이에게 그렇게 했는데 우리 어른들에게는 오직 했겠는가? 일본은 반성없이 평화를 누릴 수 없다.

반성하라! 반성의 못을 박아라!

(2015.7.11.)

아… 미칠 것 같다

나는 오늘 미칠 것 같다는 말이 무슨 뜻인지 실감이 난다. 35년전 나는 허한 마음 안고 그곳 강원도 문막읍 취병리 취병산 자락을 혼자서 그냥 헤매였다. 봄이면 냇가에 버들강아지 꺾고 솔방울을 따가지고 서울로 돌라오곤 했다.

그곳에 밭을 하나 구입했는데 문막에 그때는 행정서사님이 계셨는데 80세 정도 되는 분인데 인자하게 보였다. 그분에게 이전을 부탁했는데 자기가 노력했는데 이전이 힘들다는 것이었다. 주민등록이 되어야 한다고 하면서 옛날이야기를 들려 주셨다. 강원도 목재상이 뗏목 타고 한양에서 새우젓 소금을 사가지고 석지나루에서 돈다 쓰고 갔다고 소금장사도 힘든데 이사를 하세요 하면서 원주사람의 주관을 들려 주셨다.

지금 이곳에오니 옛날의 힘들 때 이곳 취병산 자락이 자연의 힘이었나? 혼자서 많은 생각을 했다. 그때의 나의 심정은 지금도 무어라 표현할 수 없다. 허하면서도 신비롭고 인생이 무엇인가를 잡힐듯 하면서 잡혀지지 않았다.

이제 종착역을 달리고 있구나. 그때 너무 아름다운 시간이었다. 내내면은 무엇으로 꽉 차 있었는데 섬강 뚝을 걸어보기도 했는데 오늘 옥편에서 섬강(蟾江) 섬(蟾)자를 찾으니 달 그림자 섬자였다. 나는 학창시절 문학을 좋아했고 철학이 무엇이냐고 급우들에게 했다가 왕따를 당하기도 했다.

그런 기질이 이 천기를 받은 섬강과 취병산을 만났으니 가슴이 꽉 차는데 터지질 않았다. 그런데 오늘 터진 것이다. 옛 선조님에게 경배하고 싶다. 이곳 선조님들은 낭만 그 이상의 신의 영역에 있었던 같다.

취병산 이름에 취해 있었는데, 오늘 섬강(蟾江)의 섬(蟾)자가 달 그림자 섬(蟾)자라고 하니 밀칠 것 같다. 나는 섬자가 무슨 뜻인지 모르고 취병산 추억의 시를 썼는데, 달 그림자 옛날의 풍류에 지금이 시대 인간들이 선조님의 낭만을 안다면 그 앞에 죄를 빌어야 겠다.

취병산 추억 시를 박(朴)남춘 작곡으로 노래가 나왔는데 섬강을 부를 때마다 가슴이 찡해 온다. 그 옛날 뗏목 흐르는 섬강에 달 그림자 비치니 나그네의 시름이 평화롭구나 미치겠구나 표현 어찌해야 하나.

(2010.1.7. 밤, 취병산 자락의 섬강에 있는 석지나루에서)

의사를 감동시킨 환자의 애교

머리가 이상한 느낌으로 아파오더니 이마 위쪽에 작은 물집이 생겼다.

정형외과에 갔더니 의사 선생님 눈 위에 대상포진은 실명할 수도 있다고 빨리 큰 병원으로 가라고 한다. 그 날로부터 큰 병원에서 주사를 꽂고 8일 동안 입원을 했다. 매일 아침시간이면 여의사님의 회진이 있었는데 내 이름을 부르면서 이마의 머리를 들추며 "아팠어요!" 하는데, 나는 애기가 되어 "조금요!" "곧 나을 거예요, 약 잘 먹으면요." 하면서 회진을 마치고 나가는데 나는 어머니 생각이 났다.

나의 어머니의 체취가 느껴졌다. 지금 내 나이가 몇 살인데 정신은 애기로 돌아갔다. 매일 회진 때가 되면 애기로 변해 애교를 떠는 것이다.

이제 시간은 자꾸 흘러 육체뿐이 없는데 이 육체마저 죽음의 바다로 떠밀려 가는구나! 이 육체를 잡아 줄 사람은 의사 선생뿐이다. 얼마나 살고 싶었으면 그랬을까? 늦은 시간 간호원이 "6시에 피부과로 가세요!" 하는 것이었다.

왠일인가 했더니 여의사 선생님 혼자서 남아서 나를 반겨주셨다. "저기 누우세요." 원적외선을 쐬어주려는 것 같았다. 왜 퇴근 안 하시냐고 했더니, 의사 선생님이 "시원하다고 했잖아요." 라고 하시는 것이었다.

너무 감동을 받아 행복했다. "다른 간호원님들은 퇴근했어요?" 아– 인간은 하기 나름이구나! 늙은 환자의 애교에 의사 선생님도 기를 느꼈던 것 같다. 인간관계에서 남을 움직이는 아름다운 애교가 필요하구나.

적과 동침

2007년 10월 16일에 자고 일어나자니까 쥐 한 마리가 움직이는 것이 포착되었다. 낮에 땅콩이 방에 있었기 때문에 들어왔다가 밤에 문이 닫히는 바람에 갇힌 것 같다.

그런데 나는 어젯밤 계속 포로가 되어 깡패들에게 시달리는 꿈을 꾸었다. 쥐의 심정이 나의 영에 반영하는 것일까. 쥐가 당황해서 방에서 서성이니까 그런 꿈을 꾸었구나.

어제 창에 쥐를 막기 위해 방충망을 했는데 못을 박지 못한 곳을 뚫고 들어왔다. 너는 나에게 도전을 한 것이다. 나도 너에게 질 수 없어 고민하다가 나갔다. 집에 오는 도중에 쥐약을 사와가지고 방 구석에 신문을 깔고 놓았다. 위장막으로 쳐 놓았다.

그 날 밤에 잠을 자다가 보니까 TV선이 벽을 뚫고 들어온 데가 있는데 그곳을 파고 있었다. 밤중에 일어나 그곳에 못으로 꽂아서 뜯지 못하게 했다. 그 다음날 집에 돌아와서 쥐약을 놓은 곳을 보니 아무 변화가 없다. 그날 밤에 또 잠을 자다가 소리가 나서 눈을 뜨니 벽이 스티로폴로 되어 있는 곳을 뜯고 몸이 절반정도 들어간 상태가 눈에 포착되었다. 그러나 난 겁이 나서 때려잡을 수 있는 여건인데 갈등을 하다가 놓치고 말았다.

또 밤중에 벽에 못질을 해서 나무토막으로 막아버렸다. 그 다음날 또 집에 와서 쥐약이 있는 곳을 보아도 그대로였다. 그런데 이곳저곳을 뒤져봐도 흔적이 없어 문단속을 열심히 했는데 어떻게 된 거야 하고 있는데 쥐가 아직도 살아서 쥐약 있는 쪽으로 들어갔다. 왕의 특별사자가 사약을 내리는 심정으로 "너의 죄가 무엇인가 알렸다" 하면서 그날 밤 잠을 자다 눈을 떠보니 스티로폴을 뜯고 나갈 수 있던 그곳을 아쉬운 듯 쳐다보고 있었다. 사람의 모습같았다.

그런데 아침에 일어나서 사약을 보니 그대로였다. 이 사약은 문제가 있구나! 4일 째 굶었는데 먹지 않은 것이니 방에 밥을 종이컵에 담아 넣어놓고 문단 속을 하고 나갔다 왔는데 밥도 그대로 있고 사약도 그대로였다. 어떻게 된 거야? 철통같이 막았는데 나는 방을 전부 뒤졌으나 어디로 갔는지 없다. 문단속을 철저히 했는데 아무리 생각을 해도 '귀신이 코를 골 노릇이다.'

나는 또 패배했구나. 쥐가 귀신이 아닐 테고 내가 모르는 허술함이 어디에 있었구나. 잠결에 화장실에 갈 때에 문이 허술했을까. 아니야 내 머리 속엔 문단속 뿐이 없었는데도….

이 방에는 쥐가 없다. 결국 나는 생쥐 하나도 이기지 못하는 사람이다. 오늘은 찐드기 무기를 쓰려고 했는데, 너무나 실패로 점철된 인생이기에 생쥐하고 승부를 걸었는데 역시나 실패의 인생이다. 결국 나는 마음이 약해서 성공하지 못했다. 때려잡을 기회가 있었는데도 마음이 약해서 놓친 것이 실패의 원인이었다.

사약으로 간접적인 방법으로 이기려고 했으나 쥐는 나의 머리를 능가하는 동물임을 알았다. 그러기에 실험실에서 실험의 도구로 이용하고 있구나! 쥐포수 같은 놈, 그렇지 않아도 오늘쯤 문을 열어서 도망을 가게 할까 했는데 너가 사약을 먹지 않는 한 나는 너를 때려잡을 능력은 없어! 추운 겨울이 오는데 또 누구의 집을 파고 들겠구나! 4일간의 너와의 심리전은 나의 패배로 끝났다.

(2007년 10월 21일 실패로 끝난 인생을 한탄하며)

풍수지리

나의 고향 집안에서 야당 국회의원이 출마해서 그 시절에는 씨족 선거였던 것 같다. 나는 여학교 시절인데 짚차를 타고 기호 2번을 부르며 선거운동을 했다. 우리 동네에서 시집간 친구 동네를 들렸는데 그때 나의 시어머니 될 분을 그 동네 당산나무 아래에서 만났는데 그것이 인연이 되어 저의 남편과 결혼하게 되었다.

어느 날 어머니는 외갓집 가시고 안 계시는데 읍내 아버지의 지인이 와서 군인 총각을 자기 집에 오게 했으니 사윗감으로 선을 보라는 것이었다.

아버지께서 갔다 오시더니 올케와 둘이 있는데 입에 침이 마르도록 한 눈에 반해가지고 내가 허락하고 말았다. 총각 말이 어머니가 원하신다고 했다고 "효자다" 그러면서, 올케가 "어머님 말씀도 들어보시지 않고 허락했어요." 하니 우리 집 놈 열 명을 묶어 놓아도 그 놈하고 대적 못한다. 우리 집은 어머니가 내 주장의 가풍이었다. 아버지는 농촌지도자 농사학교를 세우셨던 분, 어머니를 많이 위하는 편이셨다. 그런데 그날은 단호했다. 그 군인 총각은 미국으로 군사교육을 받으러 갔고 미국에서 편지가 왔는데 미국 가기전 고향에 들리던 중 나의 아버지를 만나 이야기 들었으나 시간이 없어 만나지 못했다고 사진을 보내달라고 해서 보냈다. 귀국해서 결혼하겠다고 사진이 왔다. 심플한 모습이었다. 그 후 1년 6개월 교육이 끝나 1955년 봄 결혼했는데 함이 왔는데 다이아반지, 시계,

메니큐어 함의 내용물을 보고 다들 너무 놀랐다. 미국에서 결혼 준비한다고 하니 지인 여자 분이 준비했다고….

그때 우리 집에는 풍수지리 사건이 심각했다. 6.25때 우리 집은 부농이어서 나의 오빠는 빨갱이들에 의해 사지에서 살아나온 충격을 받았다. 논에 여러 사람을 세워놓고 총을 갈겨 데는데 그 속에서 살아 나온 것이다. 그 충격으로 그 얌전한 오빠가 건강이 나빠져 집안이 어수선 하니까 늘 사랑채에는 지관이 와서 살았고 그 지관(산소를 소개하는 사람)은 옆 동네 부잣집이 망해서 그 아들이 임금 王자가 있는 산소를 판다고 아버지를 부추겨 6.25 후 집안이 어려워지니까 마음이 약했는지 할아버지 산소를 옮기려고 그 임금 王자 산소를 논 10마지기를 팔아 사가지고 이장을 하는데 가묘를 파는 도중 웬 시신이 그 곳에 이미 들어있었던 것이었다. 난리가 난 것이었다. 경찰이 오고 신문기자가 오고 그리하여 재판이 시작되었는데 그 시신은 그 때 당시 국회의원의 집안 시신이었다. 그런 어려운 내막이 있었는데 그 쪽 집안은 국회의원 집안이고 우리 아버지는 배경이 없는 것을 가슴 아팠을 것이다. 그런 일이 있는데 소령 군인 사위도 의지하고 싶었으리라. 그러기에 결혼을 서둘렀다. 저의 남편은 정말 신중하고 건전한 군인이었다. 아버지는 잘 보셨다. 그 뒤 사위가 되어 산소는 다 데리고 다니고 끝일 줄 모르는 문제의 재판도 유리한 조건으로 끝나게 해주었다.

상면 15일만의 결혼

1955년 경 나는 전주 어느 학교에서 무용 강습을 받고 있는데 어머니와 같이 저의 남편 될 분이 찾아왔다. 그런데 사진으로 본 사람보다 살쪄 있어서 다른 사람인가 했는데 미국 가서 빠다를 먹어서 살찐 것 같다. 엄마는 친척집에 있고 우리 둘은 다방에 갔는데 다방이름이 영신다방이었다. 그 남자 "다방 이름 좋은데" 하면서 나보고 "사진보다 예쁜데" 하면서 "내가 시간이 없어서" 그러는데 군복 호주머니에서 무슨 패물 상자를 꺼내더니 손에 맞을지 몰라 스프링 달린 링을 준비했다면서 비둘 기색 플라스틱 링 곽을 열었는데 그 속에 보라색 융단 사이에 반짝이는 반지를 보이는데 너무 예쁜 상자였다. "손좀 봅시다." 하면서 내 손을 잡더니 그 반지를 끼워 주는 것이었다. 이 반지는 본 반지의 보조 반지라고 하면서 결혼때 본 반지 끼워줄 꺼라고 하면서 미국에 있을 때 내 사진을 보고 마음을 결정했다고 하면서 결혼식 날이 앞으로 15일 후라고 했다. 그러고 일어나면서 몇 칠 후 결혼식 하러 온다. 그 말을 하고 카운터에 가더니 돈을 호주머니에서 꺼내는데 절도 있게 그냥 뽑아서 돈을 주는 것이었다. 그러니까 다방 마담이 챙겨주더라고요. 나는 그 모습이 너무 심플했고 그때 그 모습에 나도 반해버렸다.

몇 칠 후 결혼 때문에 고향에 왔다고 하면서 자기가 신부 코트 천을 미국에서 가지고 왔다고 광주 가서 맞추기로 하자고 해서 광주에 갔었다. 프렛아 코트를 만들었다. 그리고 결혼식 날이었다. 동내 잔치가 벌어졌는데 이상한 일이 생긴 것이다.

저의 집 아버지의 형제가 4형제인데 3째 작은아버지 집이 우리 집 옆에 집을 지어 살았다. 우리 셋째 작은아버지는 형제 중에 문제점이 많으니까 늘 우리 어머니와 트러블이 많았다.

셋째 작은아버지는 농기구를 사지 않고 무엇이든 우리 집 물건을 쓰면서 쓰고 갖다 놓지 않는 등 큰집 것은 자기 것으로 생각하는 작은아버지 댁과 사이가 좋지 않았다. 그런데 그 작은집 오빠 올케가 나의 결혼 무렵 아기를 낳았는데 누군가 '결혼식에 가지 말라' 부정 탄다고 그랬던 것 같다. 그런데 애기 오빠가 그 소리를 듣고 오해해서 술을 먹고 밤에 잔치 중인 우리 집에 나타나 "야 소령사위면 다냐?" 하면서 소리를 지르는 것이었다. 모두 놀랬다.

그때 신랑 소령의 얼굴이 굳어지면서 자기 가방에서 권총을 꺼내어 마당에 공포 총을 쏘았다. 집안이 난리가 났는데 신랑은 결혼 잘못했구나 여선생이라고 믿었는데 신부의 애인이 나타난 것으로 알았다는 것이다. 떠들던 오빠를 신랑 앞에 안쳐놓고 작은집 오빠인데 술 먹고 그런 것이니 오해 풀라고 신랑을 이해시키느라 집안사람들은 혼이 났다. 신랑 그때야 안도의 얼굴로 웃으면서 떠들던 오빠를 붙잡고 술을 주는 것이었다.

시어머니 아닌 남편 시집살이

1955년경 결혼

남편은 광주 상무대 근무하게 되어 광주 시내에 작은 집을 구했는데 수리가 덜 끝나 며칠간 여관에서 있게 되었는데 하루는 여관은 텅 비어 있었고 아무도 보이지 않은 남쪽 마루에 햇볕을 쪼이고 누워있었는데 5시면 퇴근하는 남편이 3시에 왔다. 반가워 맞는데 굳은 표정으로 방으로 들어가는 것이었다.

"왜 그러세요." 하니 "여기가 어디냐?" 하는 것이었다. 아차 하면서 나도 고집쟁이로 오빠들한테 알밤을 맞던 사람인데 아무 말 않고 있는데 할 수 없어 여관이요 하니까 우리 친정마을 이름 부르면서 그곳은 이렇게 교육하는가 하는 것이었다.

결혼식 날 사건도 있고 기가 죽어 시어머니 시집살이가 아니라 남편 시집살이가 시작된 것이었다.

나는 남편에게 자유롭지가 못했다. 출근할 때도 그냥 웃기만 했다. 그랬더니 하루는 "인사말도 할 줄 모르나" 하는 것이었다.

"그래 다녀오세요." 그 말을 짧게 했다. 그랬더니 새우젓 장사나 하는 것이다. 친정의 콤플렉스가 내 몸을 굳게 했다.

속으로는 내가 군인인가 하면서도….

첫 단추

첫 단추를 잘 꿰어야 끝이 맞듯이
방향의 초점이 정확하지 않으면
내가 원하는데 가지 못한다
그런데 세상사가 그렇게 단순한가
복잡한 데서 방향을 잘 잡기가 쉽지 않다
누구나 세상의 물결을 회피할 수 없다
지나온 뒤라야 첫 단추 초점의 방향이
잘못 되었구나 그때 아는 것이 生이다
그러기에 지도자를 잘 만나야 한다
또 지도자의 말을 잘 듣고 따라야지 선생님
부모님 말씀은 따르는 것이 자기에게 해가 없다
자식도 모-든 이야기 털어놓고 이야기하는
자식은 이 어려운 길을 잘 걸어갈 수 있다
아무리 복이 옆에 있어도
스처지나가면 자기것이 아니듯
복을 잡어라 힘든 사람들아.

※ 저자와의 협약에 의해 인지를 생략합니다.

화려한 등장

2015년 12월 31일 첫 번째 인쇄
2015년 12월 31일 첫 번째 발행

지은이 : 홍 순 금
펴낸이 : 김 화 인
펴낸곳 : 도서출판 조은

주소 : 서울시 중구 인현동1가 19-2
전화 : (02) 2273-2408
출판등록 : 1995년 7월 5일 등록번호 제2-1999호

ISBN 978-89-94329-73-4
값 12,000원

※ 잘못된 책은 판매처에서 교환해 드립니다.